AF198815

Bestattungsgesetz Nordrhein-Westfalen

Gesetz über das Friedhofs- und Bestattungswesen
im Land Nordrhein-Westfalen

Sebastian Andreas Götz

Bestattungsgesetz Nordrhein-Westfalen

Aktuelle Fassung vom 1. Oktober 2014

Bibliografische Information der Deutschen Nationalbibliothek:
Die Deutsche Nationalbibliothek verzeichnet diese Publikation
in der Deutschen Nationalbibliografie; detaillierte bibliografische Daten sind im Internet über http://dnb.dnb.de abrufbar.

Herstellung und Verlag: BoD – Books on Demand, Norderstedt

ISBN: 978-3-7460-14876

Inhaltsverzeichnis

Erster Abschnitt – Friedhofswesen

§1 Friedhöfe

(1) Die Gemeinden gewährleisten, dass Tote (Leichen, Tot- und Fehlgeburten) auf einem Friedhof bestattet und ihre Aschenreste beigesetzt werden können.

(2) Gemeinden und Religionsgemeinschaften, die Körperschaften des öffentlichen Rechts sind, dürfen Friedhöfe und Feuerbestattungsanlagen anlegen und unterhalten (Friedhofsträger).

(3) Friedhöfe sollen mit Räumen ausgestattet sein, die für die Aufbewahrung Toter geeignet sind und ausschließlich hierfür genutzt werden (Leichenhallen).

(4) Friedhofsträger dürfen sich bei Errichtung und Betrieb ihrer Friedhöfe Dritter bedienen. Gemeinden dürfen Errichtung und Betrieb von Friedhöfen unter den Voraussetzungen der Absätze 5 oder 6 an private Rechtsträger (übernehmende Stellen) im Wege der Beleihung übertragen.

(5) Die Übertragung an gemeinnützige Religionsgemeinschaften oder religiöse Vereine ist zulässig, wenn diese den dauerhaften Betrieb sicherstellen können.

(6) Friedhöfe, auf denen ausschließlich Totenasche im Wurzelbereich des Bewuchses ohne Behältnis vergraben wird, können übertragen werden, wenn diese keine friedhofstypischen Merkmale aufweisen, insbesondere über keine Gebäude, Grabmale, Grabumfassungen verfügen, und öffentlich zugänglich sind, öffentlich-rechtliche Vorschriften oder öffentliche oder private Interessen nicht entgegenstehen, und die Nutzungsdauer grundbuchrechtlich gesichert ist.

(7) Errichtung und Betrieb seiner Feuerbestattungsanlage kann der Friedhofsträger mit Zustimmung der Genehmigungsbehörde nach § 2 Abs. 1 Satz 2 widerruflich einer übernehmenden Stelle übertragen.

(8) Die übernehmende Stelle untersteht der Rechtsaufsicht des übertragenden Friedhofsträgers (Aufsichtsbehörde). Die Aufsichtsbehörde erlässt im Einvernehmen mit der übernehmenden Stelle die Satzungen nach § 4. Die übernehmende Stelle stellt die Aufsichtsbehörde von allen Ansprüchen Dritter wegen Schäden frei, die durch Ausübung der ihr übertragenen Aufgaben verursacht werden. Die Vorschriften der §§ 2 und 3 berechtigen und verpflichten auch die übernehmende Stelle.

§2 Errichtung und Erweiterung eines Friedhofs

(1) Die Errichtung und die Erweiterung der Friedhöfe der kreisangehörigen Gemeinden und der Religionsgemeinschaften im Sinne des § 1 Abs. 2 bedürfen der Genehmigung. Genehmigungsbehörde ist für Friedhöfe der Gemeinden der Kreis (Kreisordnungsbehörde) und für Friedhöfe der Religionsgemeinschaften die Bezirksregierung. Am Genehmigungsverfahren ist die untere Gesundheitsbehörde zu beteiligen.

(2) Bei Friedhöfen der Religionsgemeinschaften hat die Genehmigungsbehörde das Benehmen mit der Gemeinde herzustellen.

(3) Die Genehmigung ist zu erteilen, wenn der Friedhof den Erfordernissen des Wasserhaushaltsrechts und des Gesundheitsschutzes entspricht und ihr sonstige Vorschriften des öffentlichen Rechts nicht entgegenstehen.

§3 Schließung und Entwidmung der Friedhöfe

(1) Friedhöfe können ganz oder teilweise geschlossen werden. Die Träger haben die Schließungsabsicht unverzüglich der Genehmigungsbehörde und Religionsgemeinschaften auch der Gemeinde anzuzeigen.

(2) Die völlige oder teilweise Entwidmung ist nur zulässig, wenn der Friedhofsträger für Grabstätten, deren Grabnutzungszeit noch nicht abgelaufen ist, gleichwertige Grabstätten angelegt und Umbettungen ohne Kosten für die Nutzungsberechtigten durchgeführt hat.

§4 Satzungen

(1) Die Friedhofsträger regeln durch Satzung Art, Umfang und Zeitraum der Nutzung und Gestaltung ihres Friedhofs und dessen Einrichtungen, insbesondere die Aufbewahrung der Toten und der Totenasche bis zur Bestattung, die Durchführung der Bestattung sowie die Höhe der Gebühren oder Entgelte für die Nutzung des Friedhofs und dessen Einrichtungen. Die Friedhofsträger können die Öffnungszeiten auch in anderer Weise bestimmen; in diesem Fall müssen diese am Friedhof ausgehängt werden.

(2) Die Friedhofsträger legen für Erdbestattungen und für Aschenbeisetzungen gleich lange Grabnutzungszeiten fest, die zumindest die sich aus den Bodenverhältnissen ergebende Verwesungsdauer umfassen müssen.

(3) Gebühren, die eine Religionsgemeinschaft für die Benutzung ihres Friedhofs und seiner Einrichtungen erhebt, können im Verwaltungszwangsverfahren beigetrieben werden, wenn die Satzung von der nach § 2 Abs. 1 Satz 2 zuständigen Behörde genehmigt worden ist.

(4) Die Satzungen sind nach den für den Satzungsgeber geltenden Vorschriften öffentlich bekannt zu machen.

§4a Grabsteine aus Kinderarbeit

(1) Grabmäler und Grabeinfassungen aus Naturstein dürfen auf einem Friedhof nur aufgestellt werden, wenn

> 1. sie in Staaten gewonnen, be- und verarbeitet (Herstellung) worden sind, auf deren Staatsgebiet bei der Herstellung von Naturstein nicht gegen das Übereinkommen Nr. 182 der Internationalen Arbeitsorganisation vom 17. Juni 1999 über das Verbot und unverzügliche Maßnahmen zur Beseitigung der schlimmsten Formen der Kinderarbeit verstoßen wird, oder

> 2. durch eine Zertifizierungsstelle bestätigt worden ist, dass die Herstellung ohne schlimmste Formen von Kinderarbeit erfolgte, und die Steine durch das Aufbringen eines Siegels oder in anderer Weise unveränderlich als zertifiziert gekennzeichnet sind.

(2) Eine Organisation wird von dem für Eine-Welt-Politik zuständigen Ressort (anerkennende Behörde) als Zertifizierungsstelle anerkannt, wenn sie

> 1. über einschlägige Erfahrungen und Kenntnisse verfügt,

> 2. weder unmittelbar noch mittelbar an der Herstellung oder am Handel mit Steinen beteiligt ist,

3. sich schriftlich verpflichtet, eine Bestätigung nach Absatz 1 Nummer 2 nur auszustellen, wenn sie sich zuvor über das Fehlen schlimmster Formen von Kinderarbeit durch unangekündigte Kontrollen im Herstellungsstaat, die nicht länger als 6 Monate zurückliegen dürfen, vergewissert hat,

4. ihre Tätigkeit dokumentiert.

Die anerkennende Behörde kann die Anerkennung mit Nebenbestimmungen versehen; die Gültigkeitsdauer ist auf höchstens 5 Jahre zu befristen.

(3) Absatz 1 gilt nicht für Natursteine, die vor dem 1. Mai 2015 in das Bundesgebiet eingeführt wurden.

§5 Bestattungsbuch

(1) Die Gemeinden, die Bestattungen außerhalb eines Friedhofs nach § 14 Abs. 1 Satz 2 zugelassen haben, und die Träger von Friedhöfen und Feuerbestattungsanlagen sowie übernehmende Stelle sind verpflichtet, ein Bestattungsbuch zu führen. Es muss den Familien- und Vornamen, das Geburtsdatum und den Todestag der zu Bestattenden enthalten. Die Gemeinden nach Satz 1, die Träger und übernehmenden Stellen müssen auch den Tag der Bestattung einschließlich der genauen Bezeichnung der Grabstelle eintragen. Die Träger oder übernehmenden Stellen der Feuerbestattungsanlagen vermerken den Tag der Einäscherung, das Datum der Urnenaushändigung mit Namen und Adresse der Person, die die Urne übernommen hat, sowie die Angaben zum Verbleib der Totenasche.

(2) Das Bestattungsbuch ist dreißig Kalenderjahre nach der letzten Eintragung und die zugehörigen Unterlagen sind zehn Kalenderjahre nach ihrem Ausstellungsdatum aufzubewahren.

Friedhofsträger und übernehmende Stelle haben den Beauftragten der zur Überwachung der Einhaltung der für Friedhöfe
und Feuerbestattungsanlagen geltenden Rechtsvorschriften
zuständigen Behörden Grundstücke, Räume und Sachen zugänglich zu machen sowie auf Verlangen die erforderlichen
Auskünfte zu erteilen und die erforderlichen Unterlagen unverzüglich vorzulegen. Satz 1 gilt auch für die Überwachung
der übernehmenden Stelle durch die Aufsichtsbehörde. Das
Grundrecht der Unverletzlichkeit der Wohnung gemäß Artikel
13 des Grundgesetzes wird insoweit eingeschränkt.

Zweiter Abschnitt – Bestattung

§7 Totenwürde, Gesundheitsschutz

(1) Jede Frau und jeder Mann haben die Ehrfurcht vor den Toten zu wahren und die Totenwürde zu achten.

(2) Soweit möglich, sind Voraussetzungen dafür zu schaffen, dass Bestattungen unter Berücksichtigung des Empfindens der Bevölkerung und der Glaubensgemeinschaft, der die zu Bestattenden angehörten, vorgenommen werden können.

(3) Es ist dafür zu sorgen, dass von Toten keine Gesundheitsgefahren ausgehen. Bestand zum Zeitpunkt des Todes eine meldepflichtige oder gefährliche übertragbare Krankheit oder besteht der Verdacht auf eine solche Erkrankung, so sind die Schutzvorkehrungen zu treffen, die bei der Leichenschau oder von der unteren Gesundheitsbehörde bestimmt werden.

§8 Bestattungspflicht

(1) Zur Bestattung verpflichtet sind in der nachstehenden Rangfolge Ehegatten, Lebenspartner, volljährige Kinder, Eltern, volljährige Geschwister, Großeltern und volljährige Enkelkinder (Hinterbliebene). Soweit diese ihrer Verpflichtung nicht oder nicht rechtzeitig nachkommen, hat die örtliche Ordnungsbehörde der Gemeinde, auf deren Gebiet der Tod eingetreten oder die oder der Tote gefunden worden ist, die Bestattung zu veranlassen.

(2) Die Inhaber des Gewahrsams haben zu veranlassen, dass Leichenteile, Tot- oder Fehlgeburten sowie die aus Schwangerschaftsabbrüchen stammenden Leibesfrüchte, die nicht nach § 14 Abs. 2 bestattet werden, ohne Gesundheitsgefährdung und

ohne Verletzung des sittlichen Empfindens der Bevölkerung verbrannt werden.

§9 Leichenschau, Todesbescheinigung und Unterrichtung der Behörden

(1) Die Hinterbliebenen sind verpflichtet, unverzüglich die Leichenschau zu veranlassen. Dies gilt auch bei Totgeburten. Hilfsweise haben diejenigen, in deren Räumen oder auf deren Grundstücken der Tod eingetreten oder die Leiche oder Totgeburt aufgefunden worden ist, unverzüglich sowohl die Leichenschau zu veranlassen als auch die Hinterbliebenen, ersatzweise die örtliche Ordnungsbehörde zu unterrichten.

(2) Bei Sterbefällen in einer Anstalt, einem Krankenhaus, Pflegeheim oder einer vergleichbaren Einrichtung hat die Leitung die Durchführung der Leichenschau zu veranlassen.

(3) Ärztinnen und Ärzte sind verpflichtet, unverzüglich nach Erhalt der Todesanzeige die unbekleidete Leiche oder die Totgeburt persönlich zu besichtigen und sorgfältig zu untersuchen (Leichenschau) sowie die Todesbescheinigung auszustellen und auszuhändigen. Falls andere Ärztinnen und Ärzte für die Leichenschau nicht zur Verfügung stehen, ist sie von einer Ärztin oder einem Arzt der für den Sterbe- oder Auffindungsort zuständigen unteren Gesundheitsbehörde durchzuführen. Notärztinnen und Notärzte im öffentlichen Rettungsdienst sind während der Einsatzbereitschaft und während des Einsatzes, sobald sie den Tod festgestellt haben, weder zur Leichenschau noch zur Ausstellung der Todesbescheinigung verpflichtet; gesetzliche Unterrichtungspflichten bleiben unberührt, die Pflichten nach den Absätzen 5 und 6 gelten für sie entsprechend. Auf Verlangen der Ärztinnen und Ärzte, die die Leichenschau vorgenommen haben, sind die Angehörigen der

Heilberufe, die die Verstorbenen oder die Mütter der Totgeburten behandelt haben, zur Auskunft über ihre Befunde verpflichtet.

(3a) Zur Erprobung neuer Verfahren der Durchführung der Leichenschau und zur Weiterentwicklung ihrer Qualität

> 1. kann in Modellvorhaben von den Regelungen des Absatzes 3 dahingehend abgewichen werden, dass in einzelnen Regionen des Landes die Feststellung des Todes einerseits und die Durchführung der Leichenschau und die vollständige Ausstellung der Todesbescheinigung andererseits von verschiedenen Ärztinnen und Ärzten durchgeführt werden, oder

> 2. können die Ergebnisse der Leichenschau nach Absatz 3 und der Leichenschau nach § 15 Absatz 1 Satz 1 durch Stichproben überprüft werden.

Das für das Gesundheitswesen zuständige Ministerium (Ministerium) entscheidet über die Durchführung der Vorhaben und erstattet deren Kosten. Hierbei kann es die näheren Einzelheiten durch öffentlich-rechtlichen Vertrag regeln.

(3b) Bei Modellvorhaben nach Absatz 3a Nummer 1 kann die untere Gesundheitsbehörde die Durchführung der Leichenschau auf geeignete Dritte übertragen. Die den Tod feststellenden Ärztinnen und Ärzte tragen die Personaldaten der oder des Verstorbenen, Feststellungen zu den Todeszeichen, zum Sterbezeitpunkt und -ort und etwaige Warnhinweise in die Todesbescheinigung ein und unterrichten abschließend die für die Leichenschau bestimmte Stelle über den Todesfall. Modellvorhaben sind zu evaluieren.

(3c) Bei Vorhaben nach Absatz 3a Nummer 2 sind die durch das Ministerium bestimmten Stellen berechtigt, Einsicht in die

Todesbescheinigung und in die betreffenden Krankenakten Verstorbener oder von Müttern von Totgeburten zu nehmen, ergänzende Auskünfte gemäß Absatz 3 Satz 4 einzuholen sowie eine weitere Leichenschau durchzuführen. Ergeben sich Anhaltspunkte dafür, dass die erste Leichenschau unter Verstoß gegen die Pflichten aus Absatz 3 Satz 1 durchgeführt wurde, ist dies der in Absatz 3 Satz 2 genannten Gesundheitsbehörde und der für die Berufsaufsicht zuständigen Ärztekammer mitzuteilen.

(4) Die Todesbescheinigung enthält im nichtvertraulichen Teil die Angaben zur Identifikation der Leiche oder Totgeburt einschließlich der bisherigen Anschrift, Zeitpunkt, Art, Ort des Todes, bei möglicher Gesundheitsgefährdung einen Warnhinweis und im vertraulichen Teil insbesondere Angaben zur Todesfeststellung, zur Todesursache sowie zu den weiteren Umständen des Todes.

(5) Finden die Ärztinnen und Ärzte an den Verstorbenen Anhaltspunkte für einen Tod durch Selbsttötung, Unfall oder Einwirkung Dritter (nicht natürlichen Tod) oder deuten sonstige Umstände darauf hin, so brechen sie die Leichenschau ab, unterrichten unverzüglich die Polizeibehörde und sorgen dafür, dass bis zum Eintreffen der Polizei Veränderungen weder an Toten noch an deren Umgebung vorgenommen werden.

(6) Kann die Identität Toter nicht festgestellt werden, ist nach Beendigung der Leichenschau durch diejenigen, die diese veranlasst haben, oder hilfsweise durch die Ärztin oder den Arzt unverzüglich die Polizeibehörde zu unterrichten.

(7) Die untere Gesundheitsbehörde kann auf Antrag im erforderlichen Umfang Auskünfte aus der Todesbescheinigung erteilen, Einsicht gewähren oder Ablichtungen davon aushändigen, wenn

1. die antragstellende Person ein berechtigtes Interesse glaubhaft macht und kein Grund zu der Annahme besteht, dass durch die Offenbarung schutzwürdige Belange der oder des Verstorbenen oder der Hinterbliebenen beeinträchtigt werden, oder

2. die antragstellende Person die Angaben für ein wissenschaftliches Forschungsvorhaben benötigt und

a) die verstorbene oder die bestattungspflichtige Person der Datenverarbeitung zugestimmt hat und durch unverzügliche Anonymisierung oder Pseudonymisierung der Angaben sichergestellt wird, dass schutzwürdige Belange der oder des Verstorbenen und der Angehörigen nicht beeinträchtigt werden, oder

b) das Ministerium festgestellt hat, dass das öffentliche Interesse an dem Forschungsvorhaben das Geheimhaltungsinteresse der oder des Verstorbenen und der Angehörigen erheblich überwiegt und der Zweck der Forschung nicht auf andere Weise oder nur mit unverhältnismäßigem Aufwand erreicht werden kann. Sobald der Forschungszweck es gestattet, sind die Daten der oder des Verstorbenen so zu verändern, dass ein Bezug zur Person nicht mehr erkennbar ist.

§10 Obduktion

(1) Tote dürfen, wenn sie zu Lebzeiten selbst, ihre gesetzliche Vertretung oder eine bevollmächtigte Person schriftlich eingewilligt haben, nach Ausstellung der Todesbescheinigung zur Klärung der Todesursache, zur Überprüfung der Diagnose oder Therapie oder zu einem sonstigen wissenschaftlichen Zweck obduziert werden. Die Obduktion umfasst auch die Entnahme von Organen und Gewebeteilen sowie deren Aufbewahrung. Die Einwilligung kann nach Aufklärung auch mit einer vorformulierten Erklärung erteilt werden. Die Krankenhausträger sind verpflichtet, anlässlich des Abschlusses eines Aufnahmevertrages nach der Einstellung zu einer Obduktion zu fragen.

(2) Liegt weder eine schriftliche Einwilligung noch ein schriftlicher Widerspruch der Verstorbenen vor, finden § 3 Abs. 3 und § 4 des Transplantationsgesetzes in der Fassung der Bekanntmachung vom 4. September 2007 (BGBl. I S. 2206), das zuletzt durch Artikel 2a des Gesetzes vom 19. Oktober 2012 (BGBl. I S. 2192) geändert worden ist, sinngemäß Anwendung.

(3) Stellt die obduzierende Ärztin oder der obduzierende Arzt abweichend von der Todesbescheinigung Anhaltspunkte für einen nicht natürlichen Tod fest, ist nach § 9 Abs. 5 zu verfahren.

(4) Ist die Untersuchung beendet, hat der Träger der untersuchenden Einrichtung unverzüglich die Bestattung zu veranlassen. Für Art und Ort der Bestattung gilt § 12.

§11 Totenkonservierung, Aufbewahrung Toter

(1) Behältnisse zur Beisetzung von Aschen und zur Bestattung von Toten, deren Ausstattung und Beigaben sowie Totenbekleidung müssen so beschaffen sein, dass ihre Verrottung und die Verwesung der Toten innerhalb des nach § 4 Abs. 2 festgelegten Zeitraumes ermöglicht wird. Maßnahmen, bei denen den Toten Stoffe zugeführt werden, die die Verwesung verhindern oder verzögern, bedürfen der Genehmigung des Friedhofsträgers oder der übernehmenden Stelle.

(2) Tote sind spätestens 36 Stunden nach dem Tode, jedoch nicht vor Ausstellung der Todesbescheinigung, in eine Leichenhalle zu überführen. Auf Antrag von Hinterbliebenen kann die örtliche Ordnungsbehörde die Aufbewahrung Toter an einem anderen geeigneten Ort genehmigen, wenn ein ärztliches Zeugnis bescheinigt, dass hiergegen keine Bedenken bestehen. Dies gilt nicht für die Aufbewahrung Toter im Rahmen strafrechtlicher Ermittlungen.

(3) Die Öffnung des Sarges bei der Trauerfeier oder beim Begräbnis bedarf der Genehmigung der örtlichen Ordnungsbehörde. Öffentliches Ausstellen Toter oder von Teilen bedarf der zu Lebzeiten schriftlich erklärten Einwilligung der Verstorbenen sowie der Genehmigung der Ordnungsbehörde des Ausstellungsortes.

§12 Bestattungsentscheidung

(1) Die Bestattung kann als Erdbestattung oder als Feuerbestattung vorgenommen werden. Art und Ort der Bestattung richten sich, soweit möglich, nach dem Willen der Verstorbenen, wenn sie das 14. Lebensjahr vollendet hatten und nicht geschäftsunfähig waren.

(2) Ist keine derartige Willensbekundung bekannt, entscheiden die Hinterbliebenen in der Rangfolge des § 8 Abs. 1. Wenn die Gemeinde die Bestattung veranlasst, entscheidet sie; sie soll eine Willensbekundung nach Absatz 1 Satz 2 berücksichtigen.

§13 Bestattungsunterlagen, Bestattungsfristen

(1) Die Bestattung der Leichen und Totgeburten ist erst zulässig, wenn die Todesbescheinigung ausgestellt ist und das Standesamt die Eintragung des Sterbefalles bescheinigt hat oder eine Genehmigung der für den Bestattungsort zuständigen örtlichen Ordnungsbehörde vorliegt oder wenn sie auf Anordnung der örtlichen Ordnungsbehörde des Sterbe- oder Auffindungsortes erfolgt.

(2) Erdbestattungen dürfen frühestens vierundzwanzig Stunden nach Eintritt des Todes vorgenommen werden. Die örtliche Ordnungsbehörde kann eine frühere Bestattung aus gesundheitlichen Gründen anordnen oder auf Antrag von Hinterbliebenen genehmigen, wenn durch ein besonderes, aufgrund eigener Wahrnehmung ausgestelltes Zeugnis einer Ärztin oder eines Arztes, die nicht die Leichenschau nach § 9 durchgeführt haben, bescheinigt ist, dass die Leiche die sicheren Merkmale des Todes aufweist oder die Verwesung ungewöhnlich fortgeschritten und jede Möglichkeit des Scheintodes ausgeschlossen ist.

(3) Erdbestattungen oder Einäscherungen müssen innerhalb von zehn Tagen durchgeführt werden. Die Totenasche ist innerhalb von sechs Wochen beizusetzen. Die örtliche Ordnungsbehörde kann auf Antrag von hinterbliebenen Personen oder deren Beauftragen sowie im öffentlichen Interesse diese Fristen verlängern. Liegen bei einer Erdbestattung innerhalb der Frist nach Satz 1 die Voraussetzungen des Absatzes 1 nicht vor, so hat die Bestattung unverzüglich nach deren Eintritt zu erfolgen.

§14 Erdbestattung, Ausgrabung

(1) Leichen müssen auf einem Friedhof bestattet werden. Die örtliche Ordnungsbehörde kann eine Erdbestattung außerhalb eines Friedhofs mit Zustimmung der unteren Gesundheitsbehörde in besonderen Fällen genehmigen.

(2) Tot- und Fehlgeburten sowie die aus einem Schwangerschaftsabbruch stammende Leibesfrucht sind auf einem Friedhof zu bestatten, wenn ein Elternteil dies wünscht. Ist die Geburt oder der Schwangerschaftsabbruch in einer Einrichtung erfolgt, hat deren Träger sicherzustellen, dass jedenfalls ein Elternteil auf diese Bestattungsmöglichkeit hingewiesen wird. Liegt keine Erklärung der Eltern zur Bestattung vor, sind Tot- und Fehlgeburten von den Einrichtungen unter würdigen Bedingungen zu sammeln und zu bestatten. Die Kosten hierfür trägt der Träger der Einrichtung.

(3) Tote und Aschenreste dürfen nur mit Genehmigung der örtlichen Ordnungsbehörde, in deren Bezirk sie bestattet worden sind, ausgegraben werden. Die Vorschriften der Strafprozessordnung bleiben unberührt.

§15 Feuerbestattung

(1) Die Feuerbestattung einer Leiche oder einer Totgeburt darf erst vorgenommen werden, wenn eine von der für den Sterbe- oder Auffindungsort zuständigen unteren Gesundheitsbehörde veranlasste weitere ärztliche Leichenschau vorgenommen und mit einer Bescheinigung nach dem Muster der Anlage 1 bestätigt worden ist, dass kein Verdacht auf nicht natürlichen Tod besteht. Anstelle der Gesundheitsbehörde nach Satz 1 darf auch die untere Gesundheitsbehörde des Einäscherungsortes die weitere ärztliche Leichenschau veranlassen und die Bescheinigung ausstellen. Lässt sich die Todesursache nach den Ergebnissen der Leichenschau und der Auskünfte nach § 9 Abs. 3 Satz 4 nicht mit ausreichender Sicherheit ermitteln, ist die untere Gesundheitsbehörde befugt, zur Feststellung der Todesursache die Leiche zu obduzieren.

(2) Die Leichenschau und die Bescheinigung nach Absatz 1 werden in den Fällen des § 159 Abs. 1 StPO durch die nach § 159 Abs. 2 StPO erteilte Genehmigung ersetzt. Diese muss die Erklärung enthalten, dass die Feuerbestattung als unbedenklich erachtet wird.

(3) Werden Leichen oder Totgeburten zur Feuerbestattung aus dem Ausland in das Inland befördert, ist durch die untere Gesundheitsbehörde des Einäscherungsortes die Leichenschau nach Absatz 1 zu veranlassen. Die Behörde kann darauf verzichten, wenn ihr über den natürlichen Tod die zweifelsfreie Bescheinigung der am Sterbe- oder Auffindungsort zuständigen Polizei- oder Gesundheitsbehörde vorgelegt wird.

(4) Die Einäscherung darf nur in der Feuerbestattungsanlage eines Friedhofsträgers oder einer übernehmenden Stelle vorgenommen werden und hat in würdiger Weise zu erfolgen.

(5) Der Träger oder die übernehmende Stelle der Feuerbestattungsanlage hat die Zuordnung der Totenasche sicherzustellen. Das dauerhaft versiegelte Behältnis mit der Totenasche ist auf einem Friedhof oder auf See beizusetzen. Für die Beförderung zu diesem Zweck darf es den Hinterbliebenen oder ihren Beauftragten ausgehändigt werden. Sie haben dem Krematorium die ordnungsgemäße Beisetzung innerhalb von sechs Wochen nach Aushändigung durch eine Bescheinigung der die Beisetzung durchführenden Stelle nachzuweisen. Soweit dies nicht möglich ist, kann der Nachweis in sonstiger geeigneter Form erbracht werden.

(6) Die Asche darf auf einem vom Friedhofsträger festgelegten Bereich des Friedhofs verstreut oder ohne Behältnis vergraben werden, wenn dies schriftlich bestimmt ist. Soll die Totenasche auf einem Grundstück außerhalb eines Friedhofs verstreut oder ohne Behältnis vergraben werden, darf die Behörde dies genehmigen und durchführen, wenn diese Art der Beisetzung schriftlich bestimmt und der Behörde nachgewiesen ist, dass der Beisetzungsort dauerhaft öffentlich zugänglich ist; der Genehmigung sind Nebenbestimmungen beizufügen, die die Achtung der Totenwürde gewährleisten.

(7) Ausnahmen von der Bestimmung des Absatzes 5 können in besonderen Fällen durch die Ordnungsbehörde des Ortes, an dem die Verwahrung der Totenasche stattfinden soll, soweit nötig, im Benehmen mit der Ordnungsbehörde des Einäscherungsortes zugelassen werden.

Dritter Abschnitt – Beförderung der Toten

§16 Beförderung

(1) Auf öffentlichen Straßen und Wegen dürfen Tote nur in einem für diesen Transport geeigneten dicht verschlossenen Behältnis befördert werden.

(2) Bei der Beförderung Toter oder deren Asche ist die Todesbescheinigung oder eine der in § 15 Absatz 1 oder 2 aufgeführten Bescheinigungen mitzuführen.

(3) Wird Asche zur Urnenbeisetzung befördert, genügt anstelle der Unterlagen nach Absatz 2 ein Auszug aus dem Bestattungsbuch mit den Angaben nach § 5 Abs. 1 Satz 2 und 4.

(4) Auf die Bergung und Beförderung Toter im Rahmen strafrechtlicher Ermittlungen finden die Absätze 1 und 2 keine Anwendung.

(5) Vor der Beförderung einer Leiche und einer Totgeburt in das Ausland hat die untere Gesundheitsbehörde die Leichenschau nach § 15 Abs. 1 zu veranlassen, falls nicht eine Genehmigung nach § 15 Abs. 2 vorgelegt wird.

§17 Leichenpass

(1) Beförderungen von Leichen und Totgeburten über die Grenze der Bundesrepublik Deutschland sind nur mit einem Leichenpass zulässig. Für die Beförderung in das Ausland ist das Muster der Anlage 2 zu verwenden.

(2) Für die Beförderung in das Ausland wird der Leichenpass von der örtlichen Ordnungsbehörde ausgestellt, wenn ihr die in § 13 Abs. 1 und § 15 Abs. 1 oder 2 genannten Unterlagen vorliegen. Die Ordnungsbehörde kann Nachweise über den Verbleib der Leiche, der Totgeburt oder der Asche verlangen.

Vierter Abschnitt – Ergänzende Vorschriften

§18 Verordnungsermächtigung

Das für das Gesundheitswesen zuständige Ministerium wird ermächtigt, durch Rechtsverordnung die Anforderungen an die zu beachtenden gesundheitlichen Schutzmaßnahmen, an die Todesbescheinigung und an die übrigen Bestattungsunterlagen sowie deren Aufbewahrung und deren Einsichtnahme festzulegen.

§19 Ordnungswidrigkeiten

(1) Ordnungswidrig handelt, wer vorsätzlich oder fahrlässig

1. entgegen § 4a Absatz 1 Grabmäler oder Grabeinfassungen aus Natursteinen ohne Zertifizierung aufstellt,

1a. nach der Anerkennung als Zertifizierungsstelle gemäß § 4a Absatz 2 die gesetzlichen oder von der anerkennenden Behörde durch Nebenbestimmung bestimmten Verpflichtungen nicht erfüllt,

2. entgegen § 9 Abs. 1 bis 3 nicht unverzüglich die Leichenschau veranlasst, sie nicht unverzüglich oder nicht sorgfältig vornimmt oder die Todesbescheinigung nicht unverzüglich aushändigt oder die Auskünfte über Befunde verweigert,

3. entgegen § 9 Abs. 5 nicht unverzüglich die Polizeibehörde, die Staatsanwaltschaft oder das Amtsgericht unterrichtet,

4. ohne die in § 10 Abs. 1 genannten Unterlagen, ohne Einwilligung oder Zustimmung nach § 10 Abs. 2 oder

ohne einen in § 10 Abs. 1 genannten Zweck Tote obduziert oder nach Abschluss der Untersuchung nicht unverzüglich die Bestattung veranlasst,

5. entgegen § 11 Abs. 1 Toten ohne Genehmigung verwesungshemmende Stoffe zuführt oder sie nicht gemäß § 11 Abs. 2 rechtzeitig in eine Leichenhalle überführt,

6. entgegen den §§ 13 und 15 Tote oder deren Asche vor der Vorlage der in § 13 Absatz 1, § 15 Absatz 1 oder 2 genannten Unterlagen bestattet oder nicht dafür Sorge trägt, dass die Erdbestattung oder Einäscherung oder die Beisetzung der Totenasche vor Ablauf der bestimmten Fristen durchgeführt wird, oder die Bestattung ohne die erforderlichen Unterlagen auf seinem Friedhof zulässt,

7. entgegen § 14 außerhalb eines Friedhofs Tot- oder Fehlgeburten oder ohne Genehmigung nach § 14 Abs. 1 eine Leiche bestattet,

8. entgegen § 15 Absatz 5 Satz 1 als Träger oder übernehmende Stelle einer Einäscherungsanlage die Zuordnung der Totenasche nicht sicherstellt, Totenasche zu nicht in § 15 Absatz 5 Satz 3 genannten Zwecken aushändigt oder entgegen § 15 Absatz 5 oder 6 als hinterbliebene Person nicht dafür Sorge trägt, dass die Totenasche beigesetzt oder fristgerecht der Nachweis der Beisetzung erbracht wird,

9. gegen die in § 16 Abs. 1 bis 3 und § 17 Abs. 1 genannten Vorschriften verstößt oder entgegen § 17 Absatz 2 Satz 2 den verlangten Nachweis nicht vorlegt,

10. einer Rechtsverordnung nach § 18 zuwider handelt, soweit sie zu einem bestimmten Tatbestand auf diese Bußgeldvorschrift verweist.

(2) Die Ordnungswidrigkeit kann mit einer Geldbuße bis zu 3000 Euro geahndet werden.

(3) Verwaltungsbehörde im Sinne des § 36 Absatz 1 Nummer 1 des Gesetzes über Ordnungswidrigkeiten ist die örtliche Ordnungsbehörde; im Falle von Nummer 1a die örtlich zuständige Bezirksregierung. Hat die anerkannte Zertifizierungsstelle ihren Sitz außerhalb des Landes Nordrhein-Westfalen, ist die Bezirksregierung Düsseldorf zuständige Verwaltungsbehörde im Sinne des Satzes 1.

§20 Aufhebungsvorschriften

(1) Nachstehende Gesetze und Verordnungen werden aufgehoben:

1. das Kaiserliche Decret über die Begräbniße vom 23. Prairial Jahr XII - Décret Impérial sur les sépultures, le 23 Prairial an XII (Bulletin des lois de l'Empire Français, 4e Série, Tome premier no. 1 à 16, Paris, Brumaire an XIII [1804], S. 75),

2. das Gesetz über die Feuerbestattung vom 15. Mai 1934 (RGS. NRW. S. 80), geändert durch Gesetz vom 3. Dezember 1974 (GV. NRW. S. 1504),

3. die Verordnung zur Durchführung des Feuerbestattungsgesetzes vom 10. August 1938 (RGS. NRW. S. 81), geändert durch Verordnung vom 18. Mai 1982 (GV. NRW. S. 250) und

4. die Ordnungsbehördliche Verordnung über das Leichenwesen vom 3. Dezember 2000 (GV. NRW. S. 757).

(2) Nachstehende Vorschriften werden aufgehoben:

1. Zweyter Theil, Eilfter Titel, §§ 183 bis 190 sowie §§ 761 bis 765, des Allgemeinen Landrechts für die Preußischen Staaten vom 5. Februar 1794 (Erstveröffentlichung Nauck u.a., Berlin 1794),

2. § 8 Nr. 6 des Gesetzes, die Bildung und Verwaltung eines allgemeinen Kirchenvermögens für die evangelische Kirche des Landes, die Veranlagung von Kirchensteuern und die Stellung der Kirche dem Staate gegenüber betreffend, vom 12. September 1877 (GS. für das Fürstenthum Lippe, Neunter Band, S. 80).

3. Artikel 6 Abs. 1 Nr. 3 und Abs. 3 des Staatsgesetzes, betreffend die Kirchenverfassungen der evangelischen Landeskirchen. Vom 8. April 1924 (PrGS. S. 221),

4. § 15 Abs. 1 Nr. 5 und Abs. 2 des Gesetzes über die Verwaltung des katholischen Kirchenvermögens vom 24. Juli 1924 (PrGS. S. 585),

5. § 48 Abs. 1 des Ordnungsbehördengesetzes in der Fassung der Bekanntmachung vom 13. Mai 1980 (GV. NRW. S. 528), zuletzt geändert durch Gesetz vom 18. Dezember 2001 (GV. NRW. S. 870).

(3) In § 1 Abs. 1 Buchstabe d sowie in § 2 Abs. 1 Buchstabe b der Zuständigkeitsverordnung zur Ausführung des Staatsgesetzes, betreffend die Kirchenverfassungen der evangelischen Landeskirchen, vom 8. April 1924. Vom 4. August 1924 (PrGS. S. 594) werden jeweils die Wörter "3 und" gestrichen.

§21 –aufgehoben-

§22 – In-Kraft-Treten

Dieses Gesetz tritt mit Ausnahme des § 18, der am Tage nach der Verkündung in Kraft tritt (Fn 2), am ersten Tag des auf die Verkündung folgenden dritten Kalendermonats in Kraft.

Die Landesregierung
Nordrhein - Westfalen

Der Ministerpräsident

Der Innenminister

Der Justizminister

Der Minister
für Wirtschaft und Arbeit

Die Ministerin
für Gesundheit, Soziales,
Frauen und Familie

Die Ministerin
für Wissenschaft und Forschung

Der Minister
für Städtebau und Wohnen,
Kultur und Sport

Die Ministerin
für Umwelt und Naturschutz,
Landwirtschaft und Verbraucherschutz

Persönliche Notizen